Commentaire

Par François Salmeron

Eichmann à Jérusalem

Les devoirs d'un citoyen respectueux de la loi

Arendt

lePetitPhilosophe.fr

ARENDT

PHILOSOPHE AMÉRICAINE D'ORIGINE ALLEMANDE DU XXᵉ SIÈCLE

- **Née en 1906 à Hanovre**
- **Décédée en 1975 à New York**
- **Quelques-unes de ses œuvres :**
  - *Les Origines du totalitarisme* (1951)
  - *Condition de l'homme moderne* (1958)
  - *La Crise de la culture* (1961)

Hannah Arendt est une philosophe juive allemande, née au sein d'une famille aisée de Königsberg. Sa jeunesse est marquée par la liaison qu'elle entretient avec son professeur, le philosophe Martin Heidegger (1889-1976), de dix-sept ans son ainé, de 1925 à 1926. Étudiante brillante, Arendt soutient sa thèse, intitulée *Le Concept d'amour chez saint Augustin*, à l'université d'Heidelberg.

En 1933, elle est arrêtée par la Gestapo (la police politique de l'Allemagne nazie). Elle réussit à fuir pour Paris, tandis que Heidegger soutient le régime d'Hitler. En 1941, elle est à nouveau internée à cause des lois antijuives, et se réfugie finalement à New York avec son mari.

Là, elle publie son premier ouvrage, *Les Origines du totalitarisme* (1951) qui rencontre un vif succès. Sa pensée s'attache à comprendre la naissance et le développement du nazisme, du stalinisme et de l'antisémitisme. Désormais considérée comme une célèbre théoricienne du politique,

Arendt devient professeure dans les plus grandes universités américaines. Elle interroge par ailleurs l'évolution de la société occidentale, notamment avec *Condition de l'homme moderne* (1958).

EICHMANN À JÉRUSALEM

UNE ŒUVRE POLÉMIQUE AU CŒUR DE L'HISTOIRE DU XXᵉ SIÈCLE

En 1961, Hannah Arendt suit pour le journal *The New Yorker* le procès du fonctionnaire SS Adolf Eichmann (1906-1962). Chargé de régler les problèmes concernant le transport des Juifs vers les camps d'extermination, cet homme est notamment accusé de crimes de guerre et de crimes contre l'humanité. Le procès débute le 11 avril 1961 à Jérusalem ; Arendt assiste aux séances et publie son reportage en 1963, alors qu'Eichmann a été condamné à la peine capitale et pendu un an auparavant.

L'ouvrage d'Arendt, intitulé *Eichmann à Jérusalem. Rapport sur la banalité du mal*, déclenche sitôt publié de violentes polémiques, notamment parce que la philosophe accuse les comités juifs d'être en partie responsables des massacres : ces comités étaient en effet obligés de recenser les Juifs et d'établir des listes pour les convois de déportation. Dans son livre, Arendt s'attache également à dépeindre la personnalité d'Eichmann, qu'elle présente non pas comme un monstre, mais comme un homme qui ne se rendait pas réellement compte de ce qu'il faisait.

QUI ÉTAIT EICHMANN ?

Entre 1937 et 1941, Adolf Eichmann travaille dans l'administration de l'Allemagne nazie. Après avoir obtenu plusieurs promotions, il devient un acteur important concernant la question de l'émigration. Ainsi, dès 1942, **son rôle consiste à transférer des populations juives dans des camps de concentration situés dans les pays voisins de l'Allemagne, notamment à l'Est**.

En effet, la conférence de Wannsee (20 janvier 1942) a permis aux dirigeants nazis de mettre en place la « Solution finale », c'est-à-dire l'extermination des Juifs d'Europe. **Eichmann, qui a préparé la conférence, est conscient d'y participer activement**. Ainsi, s'il n'a jamais tué qui que ce soit de ses propres mains, il n'en a pas moins envoyé à la mort des milliers d'hommes, et ce en connaissance de cause.

Après la défaite de l'Allemagne en 1945, Eichmann est fait prisonnier par les Alliés. Il parvient néanmoins à s'échapper et s'installe à **Buenos Aires**, où sa famille le rejoint. À la sortie de la guerre, l'Amérique du Sud accueille en effet de nombreux nazis ayant réussi à prendre la fuite. Cependant, les services secrets israéliens le localisent, et, **le 11 mai 1960, Eichmann est kidnappé par les agents du gouvernement israélien et extradé à Jérusalem**.

Le contrinterrogatoire d'Eichmann se déroule du 29 mai 1960 au 17 janvier 1961, et **le procès se tient devant le tribunal de**

Jérusalem entre le 11 avril et le 15 décembre 1961.

CADRE ET DÉROULEMENT DU PROCÈS D'EICHMANN

Avec le procès de Nuremberg (intenté par les États-Unis, le Royaume-Uni, l'URSS et la France contre 24 hauts dirigeants du IIIe Reich en 1945-1946), **le procès d'Eichmann est resté l'une des plus célèbres audiences du XXe siècle**. Dans le premier chapitre de son compte-rendu, intitulé « La Cour », Arendt présente justement le cadre du procès et ses principaux protagonistes.

Elle signale tout d'abord que la salle du tribunal est construite comme un « théâtre », et parle du Premier ministre israélien, David Ben Gourion (1886-1973), comme du « metteur en scène invisible des débats » (p. 46). **Arendt adopte donc d'emblée un regard critique sur le déroulement du procès, qu'elle soupçonne d'être inéquitable.**

Le cadre du procès

Les trois juges prennent place en haut de l'estrade.

En bas de celle-ci, « dos au public, siège **le procureur** [représentant du gouvernement israélien], son équipe de quatre assistants et **l'avocat de la défense**. » (p. 44) C'est Robert Servatius (1894-1983), un avocat allemand, qui défend Eichmann.

« Aux deux extrémités de la longue table », se trouvent les sténographes qui retranscrivent les échanges.

« Juste en dessous des magistrats » (p. 43), **les traducteurs** :
les débats ayant lieu en hébreu, et l'accusé et la défense ne
parlant qu'allemand, leur présence est indispensable.

Eichmann, **l'accusé**, est assis dans une « cabine de verre »
faisant face à la barre des témoins sur le gradin inférieur de
l'estrade.

Le public, enfin, « censé représenter le monde entier »,
se compose en réalité de journalistes venus assister à un
« spectacle sensationnel » (p. 48) et de survivants des
camps de concentration.

Le déroulement du procès

Hannah Arendt signale que l'attitude des trois juges est à
la fois « spontanée et stimulante », et que « leur comportement vis-à-vis de l'accusé » est « au-dessus de tout reproche ». Ce sont selon elle des hommes « bons et droits »
(p. 44).

Elle estime cependant que le procureur est trop théâtral
et dénote un certain « goût pour la mise en scène ». **Elle le
soupçonne de vouloir faire de cette audience « un procès-spectacle »** (p. 45). Arendt regrette que le procès soit
« construit sur les souffrances des Juifs et non sur les actes
d'Eichmann » (p. 48). En effet, l'affaire, telle que la présente
le procureur, ressemble davantage à une commémoration
de la Shoah qu'à une audience dans un tribunal. Arendt,
quant à elle, considère que la justice doit se contenter de
faire la lumière sur les faits retenus contre Eichmann et de
les juger.

Du 24 avril au 12 juin, on entend les **témoins à charge** (c'est-à-dire le témoignage des victimes). Pour la plupart, ce sont des Israéliens ayant survécu aux camps.

Le procès est ensuite ajourné pendant quatre mois, jusqu'au **jugement**, qui est prononcé le 11 décembre 1961. **Eichmann y est notamment reconnu coupable de crimes contre le peuple juif et de crimes contre l'humanité. Le procureur requiert alors la peine de mort**, tandis que la défense demande l'acquittement de son client. L'accusé a, selon Servatius, « commis des actes pour lesquels vous êtes décoré si vous êtes vainqueur et envoyé à l'échafaud si vous êtes vaincu » (p. 74).

Malgré l'appel de la défense, la peine de mort est finalement prononcée le 15 décembre. Eichmann se dit déçu, incompris : « Il n'avait jamais haï les Juifs, il n'avait jamais voulu le meurtre d'êtres humains. Il était coupable parce qu'il avait obéi » à ses supérieurs (p. 432). Dans sa dernière déclaration, il explique : « **Je ne suis pas le monstre qu'on fait de moi. Je suis victime d'une erreur.** » (*ibid*) **Il estime en effet que** « **seuls les dirigeants méritaient d'être punis** » (*ibid*). Il a l'impression d'être un bouc émissaire abandonné par le gouvernement allemand actuel à Jérusalem.

Eichmann est finalement pendu le 31 mai 1962, peu avant minuit.

POLÉMIQUES AUTOUR DES POSITIONS DÉFENDUES PAR HANNAH ARENDT

Eichmann à Jérusalem peut apparaitre, au premier abord, comme un simple compte-rendu du procès rédigé par Hannah Arendt. En effet, en tant que **reporter**, celle-ci en relate avant tout le déroulement : présentation du procès ; témoignage des victimes ; long portrait d'Eichmann et de ses forfaits ; récit des déportations et de la Solution finale ; description du jugement, de l'appel et enfin de l'exécution.

Un procès inéquitable

Mais au-delà de ce rapport en apparence très factuel et terre-à-terre, **Arendt livre en réalité une véritable réflexion sur les enjeux du procès**. En tant que philosophe, spécialiste en politique et du totalitarisme, elle nous propose une analyse critique du procès d'Eichmann, et ne se contente pas d'en produire une simple retranscription.

Tout d'abord, **Arendt remet en question l'équité du procès** intenté par l'État hébreu :

- Eichmann a été enlevé de manière illégale en Argentine ;
- on l'a forcé à écrire ou signer certains papiers qui ont ensuite servi de pièces à conviction contre lui lors du procès ;
- le traducteur chargé de servir d'intermédiaire entre Eichmann et son avocat d'un côté, et les autres protagonistes du procès de l'autre, n'est pas très compétent. Il empêche donc l'accusé de bien se faire comprendre ;
- à tous ces éléments vient aussi s'ajouter le fait qu'à l'issue

du procès, Eichmann est jugé en tant qu'apatride, et non en tant que citoyen allemand. La peine de mort à laquelle il est condamné est en effet alors abolie en Allemagne, et n'aurait donc pu être prononcée à l'encontre d'un citoyen allemand.

Arendt adopte donc une position très critique vis-à-vis du déroulement du procès et de son dénouement. Elle peut même parfois adopter un ton ironique pour commenter ce à quoi elle assiste, traduisant son impression de voir en cette audience un « procès-spectacle ».

La responsabilité des Juifs dans leur propre anéantissement

L'autre point qui déclencha une vive controverse à la sortie du livre fut la polémique autour de la responsabilité des Juifs dans leur propre anéantissement. Contrairement au procureur, Arendt ne demande pas pourquoi davantage de Juifs n'ont pas résisté, au lieu d'« aller à l'abattoir comme des moutons » (p. 58-59) ; dans ses commentaires, Arendt vise en réalité les comités juifs.

Sous le IIIe Reich, certains comités juifs ont été contraints de livrer des listes de noms de personnes, qui furent alors envoyées dans les camps via les transports ferroviaires dont Eichmann était un des responsables. Elle signale que les plus jeunes ont résisté, qu'il y eut des révoltes comme dans le ghetto de Varsovie, mais une question subsiste : « comment les Juifs ont-ils pu coopérer, par l'intermédiaire de leurs propres dirigeants, à leur propre anéantissement ? » (p. 46) Arendt relève ainsi une certaine

« coopération » (p. 227) entre des dirigeants d'associations ou d'organisations juives et la police et l'administration nazies. Elle regrette surtout, lors du procès d'Eichmann, l'absence d'un témoin « qui aurait attesté de **la coopération entre les dirigeants nazis et les autorités juives** » (p. 237). Pour ces positions, souvent mal comprises, Arendt fut parfois calomniée.

La personnalité d'Eichmann

Enfin, le propos d'Arendt vise à décrypter la personnalité d'Eichmann. **Elle se demande ainsi si quelqu'un qui a participé à la Solution finale est nécessairement monstrueux.** D'après elle, ce n'est pas le cas, et la représentation qu'elle donne d'Eichmann n'est pas celle d'un monstre sanguinaire ou d'un tortionnaire diabolique et fou furieux. D'ailleurs, d'après les experts-psychiatres qui l'ont examiné avant l'ouverture du procès, **Eichmann est quelqu'un de tout à fait normal**.

Tout au long de son rapport, Arendt s'attache à comprendre le caractère de l'accusé. Pour ce faire, elle observe son comportement, et notamment sa manière de réagir face aux attaques auxquelles il est confronté. Elle est également très attentive à la manière dont il s'exprime, et en particulier au langage qu'il utilise pour expliquer les faits qui lui sont reprochés.

Dans le portrait qu'elle brosse d'Eichmann, Arendt est par ailleurs frappée par la stupidité du personnage. Il lui apparait comme **un être « borné, insignifiant, qui s'exprime par clichés et s'enorgueillit paradoxalement d'être**

sous les projecteurs » (BRUDNY-DE LAUNAY [Michèle-Irène], « Présentation » in ARENDT [Hannah], *Eichmann à Jérusalem*, p. 11). Eichmann va jusqu'à se vanter d'avoir commis des crimes dont, en réalité, il n'est même pas coupable. Il était en effet chargé d'organiser des transports de populations juives vers les camps de la mort, mais il n'était aucunement l'administrateur ou le créateur de ces camps, comme il l'a parfois affirmé au cours de son procès.

Ainsi, Eichmann apparait comme un exécutant : il suivait les ordres de ses supérieurs et se conformait à la hiérarchie. Il se présente d'ailleurs, notamment dans l'extrait que nous allons étudier, comme un « citoyen respectueux de la loi » (p. 255) qui accomplit à ce titre les devoirs qu'on lui demande d'effectuer. **L'enjeu pour Arendt est dès lors de déterminer si Eichmann est une « figure démoniaque », ou s'il est plutôt « l'incarnation de l'absence de pensée chez l'être humain »** (BRUDNY-DE LAUNAY [Michèle-Irène], *op. cit.*, p. 11), c'est-à-dire qu'Eichmann serait un être qui applique aveuglément les ordres, même s'ils sont criminels, sans se poser de question. **Son procès pose donc un problème moral, celui de savoir comment un homme peut mal agir, alors qu'il prétend accomplir les devoirs qu'on lui demande d'exécuter.** On peut donc se demander si Eichmann est « conscient de la nature criminelle de ses actes » (p. 82).

LES DEVOIRS D'UN CITOYEN RESPECTUEUX DE LA LOI

À partir de « Ainsi, Eichmann eut beaucoup d'occasions de se sentir comme Ponce Pilate, et, au fil des mois et des années, il perdit le besoin de sentir quoi que ce soit. C'était ainsi, c'était la nouvelle loi du pays, fondée sur l'ordre du Führer ; autant qu'il pût en juger, il agissait, dans tout ce qu'il faisait, en citoyen qui obéit à la loi. [...] » jusqu'à « [...] Pour une bonne part, on peut trouver l'origine du soin horriblement minutieux avec lequel l'exécution de la Solution finale fut conduite – une méticulosité qui frappe généralement l'observateur et qu'il considère comme typiquement allemande ou encore caractéristique du parfait bureaucrate – dans cette étrange notion, en réalité fort répandue en Allemagne, selon laquelle obéir à la loi signifie non seulement obéir aux lois, mais aussi agir comme si l'on était le législateur des lois auxquelles on obéit. Ce qui donne la conviction que tout ce qui n'excède pas le simple appel du devoir ne convient pas. »

ARENDT (Hannah), *Eichmann à Jérusalem*, Paris, Gallimard, 2002, p. 255-258.

EXPLICATION ET ANALYSE DU TEXTE

LA DISTINCTION ENTRE ORDRE ET DEVOIR

Dans les chapitres précédents, Eichmann a clairement été identifié comme un « spécialiste de la question juive » dans l'administration nazie. Il était un rouage essentiel dans l'organisation de l'expulsion des Juifs d'Allemagne, et a préparé la conférence de Wannsee, en 1942, où il a été informé de la mise en place de la « Solution finale ». À ce moment-ci du compte-rendu, l'enjeu, pour Hannah Arendt, consiste à **s'interroger sur les actions d'Eichmann et sur sa conscience morale**. Pourquoi a-t-il participé à l'extermination des Juifs d'Europe ? A-t-il eu conscience de mal agir en envoyant, sur ordre d'Hitler, des milliers de personnes dans les camps d'extermination ?

Dans ses actes, Eichmann fait abstraction de tout sentiment personnel. Il se contente d'agir d'après « la nouvelle loi » établie en Allemagne – et ce avec un certain zèle, note Arendt. Or cette nouvelle loi a la particularité d'émaner de la personne même du Führer, qui représente la plus haute autorité nazie. Dès lors, en agissant conformément à ce qu'exige Hitler, Eichmann pense agir par devoir, c'est-à-dire en respectant la loi : « Il n'avait pas seulement accompli ce qu'il considérait comme les devoirs d'un citoyen qui obéit à la loi, mais il avait aussi agi selon les ordres. » C'est d'ailleurs ce qu'il ne cesse de clamer lors de son procès, quand on l'interroge sur la justification des actes qui lui sont reprochés. Et Arendt s'empresse justement d'attirer l'attention sur ce point précis. **Elle remarque qu'une « distinction**

importante » n'est pas clairement établie entre agir « en obéissant aux ordres » d'une personne, et agir par pur devoir ou par respect de la loi, et tient à dissiper cette confusion :

- « Agir en obéissant aux ordres » signifie que l'agent se plie aux exigences formulées par une personne hiérarchiquement plus importante que lui. En l'occurrence, Eichmann agit en suivant les ordres du Führer. Il obéit donc à une **règle subjective** émanant de la volonté d'un **individu particulier** ;
- au contraire, « agir par devoir » suppose d'agir en suivant les lois, c'est-à-dire en obéissant à un système de **règles objectif**. Quand un être raisonnable agit en conformité avec la loi, il astreint sa volonté aux impératifs qu'elle dicte et qui ont **valeur d'universalité**.

En tentant de justifier ses actes, et d'expliquer pourquoi il a agi de la sorte, on se rend bien compte qu'Eichmann confond l'ordre avec la loi et le devoir. Il dit avoir agi « selon les ordres » d'Hitler, et que ses ordres avaient alors valeur de lois en Allemagne nazie. Mais, dans ce cas, si la loi se réduit aux ordres que dicte un individu, alors elle n'est plus une loi à proprement parler. Arendt dénonce donc l'inconséquence du raisonnement d'Eichmann : **obéir aux ordres et à la volonté du Führer n'est pas obéir à la loi morale, aux devoirs qu'elle comporte et à son exigence d'universalité**.

Elle souligne également l'usurpation d'Hitler : le dictateur s'érige en législateur (c'est-à-dire en la personne qui établit les lois), et tente de travestir en lois les ordres qu'il donne arbitrairement. Les ordres d'un dictateur, particulièrement lorsqu'ils incitent au crime, comme c'est le cas avec Hitler, ne peuvent être considérés comme des devoirs. **Les devoirs sont en effet les obligations imposées par la loi et la morale, et non par un individu, aussi puissant soit-il**.

Les préceptes moraux de Kant

Eichmann agit donc en suivant les ordres d'Hitler. Et pour préciser la manière dont Eichmann se soumet à ces ordres, Arendt souligne qu'il utilise l'expression d'« obéissance aveugle ». Il fait tout ce qu'on lui demande d'accomplir, sans se poser de question, sans remettre en cause le contenu des ordres qui lui sont transmis. Par exemple, il obéit aux ordres exigeant d'envoyer des milliers de Juifs dans les camps, sans se demander si, en agissant de la sorte, ses actes peuvent être qualifiés de moralement mauvais. **Et pourtant, à la grande surprise du tribunal, Eichmann soutient avoir « vécu toute sa vie selon les préceptes moraux de Kant »**. Or la morale kantienne spécifie plusieurs points.

Le devoir

Tout d'abord, Kant (1724-1804) énonce dans les *Fondements de la métaphysique des mœurs* (1785) : « Le devoir est la nécessité d'accomplir une action par respect pour la loi. » (p. 93)

Agir par devoir consiste donc à suivre la loi. Et agir de façon morale, c'est se représenter la loi et faire de cette représentation de la loi le **principe déterminant** de la volonté. **La volonté obéit ainsi à un principe objectif que Kant appelle « impératif catégorique »**.

L'impératif catégorique

L'une des formulations de cet impératif est la suivante :
« Agis uniquement d'après la maxime qui fait que tu peux
vouloir en même temps qu'elle devienne une loi universelle. » (*Fondements de la métaphysique des mœurs*, p. 128)

**L'impératif catégorique est une règle rationnelle et
universelle qui commande la volonté**. Il met en lumière
une loi dont la nécessité est absolue. **L'enjeu est alors de
décider si la maxime subjective de l'action peut être éri-
gée en loi universelle**. Or Arendt remarque que le meurtre,
par exemple, ne peut être érigé en règle d'action, « car il est
inconcevable que le meurtrier puisse avoir envie de vivre
sous un système de lois qui donnerait aux autres le droit de
l'assassiner. »

Commettre le mal

**Ainsi, en suivant les ordres criminels d'Hitler, Eichmann
n'agit pas en conformité avec la morale kantienne** : « À
partir du moment où il avait été chargé de mettre en œuvre
la Solution finale, il avait cessé de vivre selon les principes
de Kant. »

**Commettre le mal revient donc à nier l'impératif
catégorique kantien, tout en faisant semblant de s'y
soumettre**. Arendt estime qu'Eichmann a travesti l'impératif kantien dans la formulation suivante : « Agis de telle
manière que le Führer, s'il avait connaissance de ton action,
l'approuverait. »

La faculté de jugement

Arendt rappelle également que « la philosophie morale de Kant est étroitement liée à la faculté humaine de jugement qui exclut l'obéissance aveugle ». Cette faculté de juger est un « sens commun à tous » (KANT, *Critique de la faculté de juger*, § 40), c'est-à-dire **qu'elle se trouve naturellement en tout homme comme aptitude à réfléchir, et comme capacité à penser en se mettant « à la place de tout autre être humain »**.

Ce sens vise donc à discerner le bien du mal, même lorsqu'on se trouve sous un régime déployant des règles criminelles, et à adopter une **mentalité élargie**, c'est-à-dire d'être capable d'épouser le point de vue d'un autre individu. Mais, d'après Arendt, Eichmann est incapable de produire « une réflexion autonome » (p. 112-113), et souffre d'une « incapacité quasi-totale de considérer quoi que ce soit du point de vue de l'autre. » (p. 115) Eichmann est alors incapable de s'interroger sur la nature des ordres qu'il reçoit – il y obéit aveuglément sans se demander s'ils sont criminels – et d'envisager quelles répercussions ses actes peuvent avoir pour autrui (en l'occurrence, les Juifs d'Europe qu'il envoie dans les camps d'extermination).

La raison pratique

Eichmann apparait donc comme un être borné qui agit aveuglément. Il pense toujours dans les limites étroites des décrets imposés par le Führer. Car, au lieu de suivre la loi morale kantienne et de faire correspondre sa volonté à la raison pratique, Eichmann s'identifie à la volonté criminelle d'Hitler. En effet, en se représentant la loi morale et en en faisant son principe déterminant, **la volonté humaine s'identifie avec la raison pratique** qui fixe justement cette loi morale. La volonté est donc censée être inséparable de la raison pratique, qui apparait comme une faculté législatrice sur le plan moral.

Et c'est justement grâce à cette identification entre la volonté et la raison pratique que l'agent agit en conformité avec la loi. De plus, dans ce cas-là, il agit comme s'il était le **législateur** de ses actes, c'est-à-dire celui qui établit les lois : « obéir à la loi signifie non seulement obéir aux lois, mais aussi agir comme si l'on était le législateur des lois auxquelles on obéit. »

Arendt souligne enfin qu'Eichmann fait un « usage domestique » de la morale kantienne (c'est-à-dire qu'il la détourne). En effet, **les actions qu'on lui reproche au tribunal de Jérusalem ne trouvent pas leur source dans la raison pratique, mais dans la volonté d'Hitler.** Eichmann retient donc de la morale kantienne que sa volonté doit s'identifier avec la source de la loi. Mais, en choisissant d'obéir à la volonté criminelle du Führer plutôt qu'à la raison pratique, il se trompe de principe.

LA « BANALITÉ DU MAL »

Une des caractéristiques de la personnalité d'Eichmann est donc son incapacité à penser par lui-même et à réfléchir à la signification de ses actes. Et c'est en réfléchissant à ces caractéristiques qu'Arendt élabore l'expression de « banalité du mal ». **Ce concept vise à rendre compte du**

problème moral que pose le comportement d'Eichmann sous le IIIe Reich.

Mais ce concept de « banalité du mal », souvent mal compris, ne signifie pas qu'il y aurait un Eichmann ou un monstre en chacun de nous capable, un jour, de se révéler. Le problème que soulève Arendt est bien plutôt le suivant : il s'agit de « résoudre la contradiction entre l'indicible horreur des actes et l'incontestable ridicule de l'homme qui les avait perpétrés » (p. 125).

Au regard de la monstruosité de ses crimes, Eichmann apparait comme un être insignifiant, banal, voire grotesque. C'est un être incapable de penser qui ne s'exprime que par des clichés. Dans cet extrait, Arendt signale par exemple qu'Eichmann se répète, s'embrouille, comme quelqu'un de limité intellectuellement. En fait, il ne réalise pas les actes qu'il a commis et ne comprend pas pourquoi on le juge. Eichmann est « prêt à appliquer les normes et lois en vigueur pour autant qu'elles sont en vigueur, sans jamais les éprouver ou en éprouver la validité » (AMIEL A., *Le vocabulaire d'Hannah Arendt*, p. 32). **Le mal provient donc selon Arendt de l'absence de pensée et d'un manque de jugement chez l'individu**.

CONCLUSION

À travers cet extrait de l'audience d'Eichmann devant le tribunal de Jérusalem, Hannah Arendt met en lumière l'inconséquence du comportement de l'accusé.

Tout d'abord, **Eichmann dit avoir agi par devoir et en respectant la morale kantienne**. Or Arendt démontre que tel n'est pas le cas, puisqu'Eichmann a agi en suivant les ordres d'Hitler, et qu'un ordre ne peut faire office de devoir ou de loi. Il suit donc les ordres d'une volonté particulière, tandis qu'agir par devoir suppose de respecter la loi morale établie par la raison pratique. **Le mal provient donc de la volonté humaine qui pervertit les principes de la loi morale tout en prétendant s'y soumettre**.

Pourtant, Eichmann n'est pas un être diabolique cherchant à faire le mal pour le mal. C'est quelqu'un qui se leurre et se rend incapable de prendre conscience de la nature et de la portée de ses actes. **Le concept de banalité du mal** désigne ce comportement propre à Eichmann : il ne réfléchit pas à ce qu'il fait et applique aveuglément les ordres qu'on lui demande d'exécuter, incapable de penser en se mettant à la place d'autrui. Ainsi, les pires atrocités peuvent être commises par des hommes communs, incapables de juger et d'agir droitement.

Votre avis nous intéresse !
Laissez un commentaire sur le site de votre librairie en ligne
et partagez vos coups de cœur sur les réseaux sociaux !

POUR ALLER PLUS LOIN

- AMIEL (Anne), *Le vocabulaire d'Hannah Arendt*, Paris, Ellipses, 2008.
- ARENDT (Hannah), *Eichmann à Jérusalem*, traduction par Anne Guérin, révision par Martine Leibovici, Paris, Gallimard, 2002.
- VAYSSE (Jean-Marie), *Le vocabulaire de Kant*, Paris, Ellipses, 2005.

Rendez-vous sur lepetitphilosophe.fr et découvrez :

Plus de 1200 analyses
Claires et synthétiques
Téléchargeables en 30 secondes
À imprimer chez soi

www.lepetitphilosophe.fr

ISBN version numérique : 978-2-8062-4555-7
ISBN version papier : 978-2-8062-4595-3
Dépôt légal : D/2017/12603/592

Schémas réalisés par Alberto Molina Pérez, doctorant en philosophie des sciences (Université Paris I-Panthéon-Sorbonne)

Conception numérique : Primento,
le partenaire numérique des éditeurs.

Made in the USA
Monee, IL
07 July 2026